AF242691

LES ÉLECTIONS DE 1893

CE QU'IL FAUT FAIRE

0 fr. 15 l'exemplaire franco.

(Fortes remises pour la propagande.)

PARIS

Maison de la Bonne Presse

8, RUE FRANÇOIS 1ᵉʳ, 8

PROGRAMME ET TACTIQUE

RAPPORT

au Congrès de « La Croix » 1893

sur l'action politique de « La Croix »

PAR M. L'ABBÉ BERTOYE

MESSIEURS,

Je ne m'attendais aucunement à l'honneur de traiter, dans cette assemblée de la France catholique militante, une question aussi grave et aussi complexe que « l'action politique de « La Croix », lorsque, il y a peu de jours, je reçus du P. Bailly une lettre dans laquelle il me confiait ce rapport. Je n'aime pas à me faire prier ; j'acceptai.

Mais pourquoi donc s'est-on adressé à moi?
J'ai supposé, je vous le dis bien franchement, que
le Révérend Père, qui, sous ses airs de bonhomie,
est un malin de premier ordre, avait pensé que,
s'il chargeait de ce travail un vénérable vétéran
des luttes catholiques, un homme occupant une
haute situation, on n'oserait pas discuter sa
parole, ce qui, en matière aussi complexe, pourrait être dangereux. Alors, il s'est tourné vers un
jeune et modeste ouvrier, sans valeur personnelle,
que vous pouvez sans manquer à aucun égard,
blâmer, critiquer, discuter et, par dessus le marché, jeter à l'eau. Vous le pouvez d'autant mieux,
qu'averti un peu tard et arrivé seulement ce
matin, je n'ai pas pu soumettre mon travail; ce
sont des idées *personnelles* que je vous apporte.
En commençant, il était bon de le constater : cela
nous met tous à l'aise.

De fait, je n'ai aucun titre particulier pour traiter cette importante question, sinon peut-être que
je l'ai étudiée de près, du fond d'une paisible
aumônerie, dans un département où nous avons
toutes les situations électorales : la circonscription catholique conservatrice à peu près sûre,
la circonscription disputé à forces égales, la circonscription où nos amis sont minorité respec-

table, et celle enfin où toute lutte directe est inutile.

En combinant tant bien que mal cette expérience locale, ce que j'ai lu et entendu çà et là, et surtout ce que j'ai appris à l'école de notre mère commune, « La Croix » de Paris, je vous exposerai loyalement ma pensée en me plaçant, non pas au point de vue théorique, mais au point de vue pratique. En pleine mêlée, on n'a guère le temps de s'occuper de théorie ; on cherche les moyens pratiques de lutter avec avantage.

Il me paraît cependant utile, sans vouloir faire de la théorie, mais pour couper court à certaines objections, de rappeler que la théologie électorale laisse un champ large aux évolutions des catholiques. Il est permis, nul ne l'ignore, entre deux maux, de choisir le moindre ; on peut poser un acte qui n'est pas *intrinsèquement* mauvais, si deux effets devant en résulter immédiatement, l'un bon, l'autre mauvais, on se propose de procurer le bon. Je vous demande pardon de cet énoncé de principes. Il le fallait pour expliquer certaines de mes affirmations. Je voudrais bien au reste — hélas ! c'est une utopie ! — qu'on n'eût en France que rarement à faire appel à ce principe et que des candidats franchement catholiques pussent partout se présenter et aller de l'avant, bannière déployée, avec l'espoir du succès.

Avant d'aborder directement le sujet que j'ai à étudier, je crois accomplir un acte de justice, en rappelant que « La Croix » a déjà fait beaucoup, au point de vue politique, en France.

Confiné dans un coin de la province, je ne puis guère apprécier l'importance exacte de l'influence générale exercée par elle. Mais, si j'en juge par ce que nous avons vu chez nous, il ne faut en parler qu'avec reconnaissance et respect.

Dans l'Isère, nous avons entendu les vaillants directeurs de l'œuvre, déclarer qu'à Grenoble, c'était leur action qui avait empêché un maire sectaire d'arriver au pouvoir et amené à sa place un magistrat qui a osé, dans une proclamation, parler avec égard du Pape et de conciliation. Sur plusieurs points du département, des résultats semblables ont été produits.

Dans la Lozère, notre voisine aussi, nous nous sommes laissé dire, qu'aux dernières élections législatives, « La Croix » avait eu une large part au triomphe des catholiques.

Dans notre département de l'Ardèche enfin, nous pourrions citer plusieurs succès. Disons seulement que, dans une région profondément républicaine, nous avons vu, à peu près partout, grâce à « La Croix », des hommes modérés, des conservateurs même, entrer par la porte de la conciliation, dans les conseils municipaux, dont ils sont les vrais chefs aujourd'hui.

Ce sont des faits locaux, mais ils sont certains. Ailleurs, il doit en être de même.

Si du détail nous passons à l'ensemble, quoique les éléments d'appréciation exacte me fassent défaut, je me demande si quelqu'un oserait sérieusement soutenir qu'un demi-million de Français reçoivent « La Croix », sans qu'une influence soit exercée.

Bien penser conduit à bien faire. Par sa doctrine et sa loyauté, « La Croix » apprend à bien penser. Bien faire en résultera un jour.

Nous voyons en ce moment une réaction se dessiner et des idées de modération germer dans des milieux qui ne nous y avaient pas habitués. Qui oserait dire que l'influence de « La Croix » y est étrangère?

La parole du Pape a pénétré partout et a été généralement bien accueillie. Sans « La Croix », avec nos anciens organes conservateurs seuls, ce résultat aurait-il pu être produit si tôt? Je dis hardiment : *Non;* nul ici ne me démentira.

Au reste, les batteries dressées contre « La Croix » prouvent qu'elle exerce une influence considérable. Au moment où va se livrer la grande bataille, il était utile et encourageant de le rappeler.

Oublions maintenant le passé et regardons l'avenir. J'avais d'abord l'intention de m'étendre sur l'action politique de « La Croix » en temps ordinaire : je laisse de côté les notes prises à ce sujet pour ne pas allonger mon rapport, et je vais droit aux élections.

Le sujet que j'ai à traiter me paraît comporter quatre divisions :

1° Principes généraux ;

2° Action de « La Croix » dans le choix des candidatures ;

3° Son action dans l'élaboration des programmes ;

4° Enfin, son action électorale directe.

1° Principes généraux

Premier principe. — *Nous devons nous poser sur un bon terrain de combat.* Un général doit sacrifier au besoin la moitié de son armée pour avoir une position favorable. S'il se laisse enserrer dans un entonnoir, comme à Sedan, il est perdu. Léon XIII, dont nous avons tous célébré avec tant de joie les fêtes jubilaires, a vu que les catholiques de France, se croyant obligés de combattre pour un changement de forme gouvernementale, étaient dans une fausse situation. Il s'est dit: Sacrifions momentanément, s'il le faut, une partie de l'armée et plaçons le reste sur un terrain favorable à l'action, le terrain catholique et constitutionnel. Messieurs, obéissons-lui avec ensemble. Soyons *catholiques* d'abord : c'est sur ce terrain que « La Croix » de Paris, par une initiative qui sera son éternel honneur, s'est posée dès le principe. *Toute « La Croix » est dans ce mot : catholique.* Comme, cependant, on ne lutte pas en l'air, et qu'il faut avoir un principe politique quelconque, soyons *constitutionnels*, je veux dire acceptons franchement et loyalement la forme républicaine du gouvernement. Et ici n'épiloguons pas sur les mots, n'allons pas scruter les cœurs et les reins, acceptons franchement et loyalement, voilà tout. Pour moi, j'estime qu'on a beaucoup trop peur de prononcer le mot de République : il semble encore que ce mot écorche bien des lèvres. Je comprends que tous les Suppléments ne peuvent pas tenir absolument dans tous les détails le même langage. Tous, du moins, restons sur le terrain convenu : acceptation franche et loyale.

2ᵉ Principe. — *La Croix doit rester indépendante.* Les « Croix » ont, Messieurs, une situation exceptionnelle en France. Cette centralisation décentralisée, cette « Croix », non pas une et trine, comme la Sainte-Trinité, mais une et centuple, cette indépendance dépendante de cent journaux vis-à-vis de leur mère, est une chose sans précédent. Il faut à tout prix que l'union se maintienne et elle se maintiendra. N'en croyons pas les prophètes de malheur qui ont dit aux Pères : Les Suppléments vous tueront. Mais une condition s'impose, c'est qu'il y ait indépendance de l'œuvre dans son ensemble. Nous devons tous refléter « La Croix » mère. « La Croix » mère est de son côté influencée par nous. Le jour où quelque membre de ce grand corps qui s'appelle « La Croix » deviendrait le membre d'un groupe particulier, et dépendrait d'un chef qui ne serait pas le chef reconnu de tous, ce jour-là l'unité pourrait être brisée. L'article *Notre rôle* l'a très bien dit : c'est la condition de l'union.

Au reste, *donnons loyalement et largement notre concours à tous les groupes qui le méritent.* Publions leurs communications, aidons leurs efforts, entendons-nous avec eux, versons et engageons à verser à leur caisse, si elle existe. Mais comme « Croix » restons indépendants.

3ᵉ Principe. — *Cherchons toujours le plus grand bien.* La perfection n'est pas de ce monde : en pratique, les idées s'incarnent dans des hommes qu'on appelle *les candidats ;* or, tout homme a ses défauts, nous les premiers. Souvenons-nous que nous sommes dans le monde, et non pas dans le ciel, et sachant fouler aux pieds toute considération mesquine, cherchons toujours le plus grand bien. Pour cela, soyons conciliants ; je veux dire, suivant la recommandation du Pape à Mgr Fava, les éloquents conseils de M. Piou, ce matin, et l'excellente déclaration de M. de Mun à Saint-Etienne, tendons, sans sacrifier aucun principe, une main loyale à tous les hommes honnêtes et modérés.

Il ne faut donc pas, à mon avis, prendre au pied de la lettre cette affirmation, excellente du reste à mettre dans les journaux, qu'il doit y avoir des candidats catholiques partout. Un général, sauf en des cas exceptionnels, ne livre pas bataille avec une armée absolument condamnée à la défaite. Il vaut beaucoup mieux s'assurer un allié que d'aller à un insuccès inévitable. Cherchons toujours le *plus grand bien* dans chaque circonstance donnée. Si cette expression n'était pas prise en mauvaise part, je dirais, surtout pour le second tour : *Soyons opportunistes pour le bien.*

Enfin, **4ᵉ Principe**, *en matière électorale, évitons l'abstention.* Quelquefois, je le sais, elle s'impose. Ces cas exceptés, je ne recherche pas en ce moment si l'abstention est un péché, je préfère répéter à son sujet cette parole célèbre : Elle est plus qu'un crime, elle est une faute. S'abstenir c'est s'annihiler, c'est se réduire à être zéro en chiffre dans la balance générale de la politique humaine. Il faut l'éviter.

Ces principes établis, j'ai à examiner rapidement :

1º La question des *hommes,* c'est-à-dire les candidatures ;

2º La question des *idées,* c'est-à-dire le programme ;

3º La question des *moyens,* c'est-à-dire l'action électorale.

Je commence par la question des *hommes,* parce que, pratiquement, c'est en eux que tout vient se résumer. On ne vote malheureusement pas pour une idée, on vote pour un candidat.

2° Candidatures

Pour ne pas rester dans le vague, je distingue quatre espèces de circonscriptions : les circonscriptions *catholiques*, les *conservatrices*, les *douteuses*, celles enfin où nous sommes *minorité*. Je parlerai de chaque espèce séparément, et il me semble *capital* pour nous, rédacteurs, de tâter en quelque sorte le pouls de chacune d'enos circonscriptions, pour traiter chacune selon sa situation. On ne soigne pas un homme sain et robuste comme un poitrinaire.

1° **Circopscriptions vraiment catholiques,** où une majorité sûre vote d'après ses principes religieux. Là nous sommes chez nous. Il faut manœuvrer habilement pour mettre en avant un homme populaire qui se place sur le terrain *catholique* et écarter d'une main respectueuse les autres candidats, puis marcher bannières déployées et adopter carrément le programme dont nous parlerons tout à l'heure.

Mais ici se présente l'importante question des candidatures ecclésiastiques. Le bruit fait autrefois autour de ce genre de candidatures s'est calmé; il me semble que c'est un bien. Non pas que je les condamne ; il en faut, et j'espère bien qu'un jour le clergé ne sera pas, à la Chambre, représenté par une unité, quelque brillante qu'elle soit. Mais nous ne devons pas oublier qu'il y a généralement dans les populations même les meilleures un préjugé contre l'immixtion du clergé dans la politique. Vous me direz qu'il faut réagir. D'accord..... la preuve, c'est que j'appartiens au clergé et que je fais de la politique en ce moment. Mais, au point de vue, soit du succès local, soit de l'impression générale, il me paraît qu'il faut en cette matière être prudent, ne pas craindre sans doute, tout en se souvenant du principe de la séparation des pouvoirs, de présenter quelques prêtres éminents dans des circonscriptions choisies, mais d'autre part, ne pas envoyer ou n'envoyer que rarement des ecclésiastiques à un insuccès probable. Je craindrais que l'éclat de rire qui en résulterait ne nuisît à cette grande cause qui nous est chère à tous ; la rentrée du clergé dans le mouvement social de la nation.

2° **Circonscriptions conservatrices,** mais où, soit faute d'hommes, soit par suite de la faiblesse de l'esprit religieux, soit à cause de quelque autre circonstance, il ne peut y avoir comme candidat un catholique pur? Si le candidat conservateur offre de suffisantes garanties au point de vue religieux, il me semble que notre appui ne doit pas lui être refusé.

N'entrons pas en lutte contre des conservateurs religieux : mais soyons assez forts ou assez habiles pour obtenir que le Pape reçoive d'eux, sinon l'obéissance, du moins le respect.

3° **Circonscriptions douteuses.**—Là, il faut avant tout être pratique et obtenir le succès. Choisissons donc ou manœuvrons de manière à faire choisir l'homme le plus capable de réunir les suffrages avec un programme *minimum*. C'est dans ces pays surtout qu'il faut, suivant le conseil du Pape, tendre la main à tous les hommes modérés. Faisons cela carrément, sans ambages, n'oubliant pas que donner de bonne grâce, c'est donner deux fois. A mon humble avis, dans ces régions-là, il faut préférer un candidat moins parfait, pour avoir un succès plus certain.

4° Enfin, **Circonscriptions où nous sommes minorité.** — Il y a quelques jours, je lisais dans le « Lyon républicain », journal opportuniste par excellence, un article qui m'a beaucoup frappé. Le rédacteur déclarait que la fiction qu'on appelait *concentration républicaine*, avait vécu. De fait, la division est dans les rangs. C'est en profitant d'une situation semblable, en sachant faire payer leur concours, que les catholiques allemands et irlandais ont triomphé. Sachons les imiter. Cela demande, il est vrai, une très grande habileté. Ce n'est pas à nous alors de présenter des candidatures. Il faut les laisser se produire ou les susciter et, pour prix de notre concours, obtenir des promesses au point de vue religieux. Jusqu'ici, on a fait fi de nos voix : un certain amour-propre ne permettait pas d'accepter notre alliance. Bientôt, il n'en sera plus ainsi.

Si une alliance est néanmoins refusée ou impossible, il faut considérer si, parmi les candidats mauvais, en supposant qu'il y en ait plusieurs, il n'y en a pas un moins mauvais. C'est celui-ci qui pourra bénéficier de nos suffrages, quitte pour les lui faire payer cher plus tard, s'il est par trop ingrat. Au premier tour, cependant, lorsqu'on en prévoit un second, il est bon de se compter sur un nom excellent, si on le peut.

Si, enfin, les candidats sont tous également mauvais, les avis se partagent. Les uns disent qu'il faut rigoureusement s'abstenir. D'autres, toutefois, parlent autrement, et soutiennent que, même alors, il est utile de voter et de faire voter. Et pour qui? pour le moins dangereux ou plutôt *contre le plus dangereux. Tombons les têtes*, disent-ils. Ainsi, nous diviserons, nous affaiblirons l'ennemi et, voyant que nos voix servent à quelque chose, sans qu'on le veuille, on préférera s'en servir que d'être écrasé par elles. Je vous soumets les deux opinions, ne me sentant pas l'autorité pour trancher la difficulté. Les circonstances locales et l'esprit général du pays indiqueront le plus souvent la solution. Dans des cas pareils, à tout prix éviter d'être bruyant, fuir le scandale, bien s'expliquer et faire toutes les réserves de droit.

Dans la bataille politique, la victoire est à celui qui sait le mieux utiliser ses forces. Pour les utiliser, il est nécessaire qu'elles soient groupées, disciplinées, qu'elles forment un faisceau. C'est à obtenir ce résultat que doivent tendre nos continuels efforts.

Je me résume :

Circonscriptions catholiques. — Candidat et programme nettement catholiques.

Circonscriptions conservatrices. — Alliance, moyennant un respect suffisant de la parole pontificale.

Circonscriptions douteuses. — Tendre la main aux modérés. Programme *minimum*.

Minorité. — Alliance si elle est possible ; vote

pour les candidats les moins mauvais, et peut-être vote pour le moins dangereux, afin de tomber une tête de parti. Ce n'est qu'au cas où l'on y serait réduit rigoureusement que je conseillerais de s'abstenir ou de se compter sur un nom sacrifié.

D'après tout ce que je viens de dire, il est évident qu'il importe dès maintenant de susciter adroitement des candidatures partout où il y a opportunité de le faire.

3° Programme

Rappelons-nous d'abord que nous parlons ici exclusivement du programme que nous devons soutenir, nous, journalistes catholiques, et par suite du programme d'un candidat catholique. S'il n'y en a pas, nous n'avons pas à composer un programme : nous ferons alors pour le mieux et tâcherons d'obtenir que celui du candidat auquel nous nous rallierons se rapproche du nôtre le plus possible.

La première qualité d'un programme est d'être court, simple et précis. Nous souvenant que nous avons besoin de nous assurer des concours, nous devons de plus le faire de telle manière qu'il soit acceptable pour tous les hommes qui sont nos alliés naturels.

Pour arriver à fixer nos idées, procédons par élimination, en nous servant des divers programmes connus (ligue de l'*Ave Maria,* discours de M. de Mun à Saint-Étienne, de M. Lamy à Lyon, de M. Piou à la Chambre, déclaration des catholiques du Nord dans un Congrès de l'an dernier).

Dans tout programme législatif, il y aura cette année la note politique, la note religieuse, ce que j'appellerai la note Panama, la note économique, la note sociale et enfin la note patriotique.

En politique, notre programme doit porter l'acceptation franche et loyale de la forme républicaine du gouvernement. Je me permettrai d'ajouter qu'il me paraît bon d'éviter de parler de *revision.* Ce mot ne serait pas compris et semblerait en contradiction avec l'acceptation franche et loyale.

La note religieuse est la principale pour nous. Nous voulons l'observation loyale du *Concordat* dans une pensée de *concorde.* Peut-être pour ne pas charger un programme, n'est-il pas nécessaire d'en parler. Mais nous le voulons.

Le terrain peut-être le plus solide qui s'offre à nous est la *lutte contre la loi scolaire.* Sur ce point même, cependant, l'accord n'est pas complet.

En principe, comme le disait M. de Mun à

Saint-Étienne, « nous n'acceptons pas la neutralité religieuse..... et nous voulons une loi qui assure l'éducation chrétienne des enfants du peuple ». La divergence se produit lorsqu'il faut préciser la revendication immédiate. Nous, par exemple, nous réclamons et ne cesserons de réclamer comme minimum la faculté pour les communes de choisir elles-mêmes leurs instituteurs. Il faut à tout prix, ce nous semble, obtenir cela. D'autres, cependant, nous l'avons vu à Lyon, déclarent avec M. Piou qu'il faut se contenter d'exiger la faculté de donner l'enseignement religieux dans l'école, sur la demande des parents. Comme catholiques, nous devons aller plus loin; les Comités locaux jugeront s'il est nécessaire de se borner là, mais tous, nous devons poursuivre *la modification de la loi scolaire* qui est une loi de persécution et d'athéisme. Sur ce point le peuple est en réalité avec nous, puisque les documents officiels eux-mêmes constatent que, dans le cas de concurrence entre écoles congréganistes libres et écoles laïques, les deux tiers des enfants en moyenne vont à l'école religieuse. Ouvrons donc une brèche à l'article 7 de notre sénatorial voisin.

La *réintégration des Sœurs dans les hôpi-*

taux est également une revendication populaire. Mais elle est locale.

Nous voulons la *modification de la loi militaire.* Les uns réclament dès maintenant l'exemption complète des séminaristes; d'autres, réservant *in petto* cette revendication totale, demandent avec M. Piou que le service des ecclésiastiques, en temps de paix comme en temps de guerre, se fasse dans les hôpitaux et ambulances. M. le baron Reille, l'an dernier, nous conseillait cette tactique. On peut donc se borner là et se souvenir encore — il faut être pratique, — que nos réclamations sur ce point sont peu populaires en général. Je dis ceci pour constater un fait : *la prudence dans les revendications immédiates n'est pas un abandon.*

L'abolition du divorce est chose très importante. Peut-être n'est-il pas nécessaire d'en parler partout pour ne pas charger le programme. Cela dépend des pays. Il y en a certainement où il sera nécessaire de faire dans le programme une place à la condamnation indignée de cette loi démoralisatrice.

C'est dans le même sens que j'envisage la question si grave de la *liberté des associations religieuses.*

Panama a trop préoccupé les esprits pour qu'un programme puisse se taire à ce sujet. Il faut réclamer l'honnêteté politique et, suivant le pays, la réparation des injustices commises. C'est aussi l'occasion de demander l'étude sérieuse des bornes à poser à l'agiotage et aux accaparements. Mais il me semble qu'il faut éviter d'avoir l'air de faire du Panama un tremplin électoral, tout en réclamant fortement l'honnêteté politique, et en montrant le rapport intime qu'il y a entre l'honnêteté et la conscience, c'est-à-dire la religion.

A l'homme il faut le pain quotidien; gardons-nous bien d'oublier la *note matérielle, économique*. Ici, il n'y a pas de dogme. Un candidat sera nécessairement amené à incliner vers le libre échange ou vers la protection, suivant le pays qu'il doit représenter. Et, d'une manière générale, s'il y a un intérêt populaire en jeu, un chemin de fer, un tramway à vapeur, un canal, un téléphone, un éclairage électrique à établir, et que ce ne soit pas une folie, soyons les premiers. On a reproché aux conservateurs — avec raison, je crois, quelquefois — d'avoir en quelque sorte peur du progrès. Non, n'en ayons pas peur, tout en fuyant le gaspillage.

Il serait en quelque sorte criminel d'oublier

aujourd'hui dans un programme la *note sociale.* Partout, la question sociale existe en quelque manière. Méditons les enseignements de l'Encyclique sur la *condition des ouvriers.* Sachons prendre la défense des intérêts légitimes du peuple. Il y a quelque temps, je fus obligé de soutenir un assaut avec un prêtre qui me soutenait *mordicus* qu'il faut *toujours, toujours,* donner raison aux patrons. Je faillis en être malade, et je ne l'ai pas converti. Si c'est pour soutenir des doctrines pareilles, il vaut mieux ne pas faire de programme. Comme nous le disait très bien il y a quelques jours M. de Gailhard-Bancel, à Annonay, « le meilleur moyen de bien défendre les droits des patrons, c'est de reconnaître et de protéger les droits des ouvriers ».

Je ne crois pas pouvoir entrer ici dans le détail des revendications sociales. Il me semble qu'il suffit d'avoir posé le principe : à chacun de l'appliquer, suivant les lieux.

Enfin, un programme doit faire résonner la *note patriotique.* Nous n'avons pas à craindre d'y insister un peu, d'applaudir aux puissantes alliances qui assurent notre sécurité nationale ; de plus, n'attaquons pas une politique coloniale modérée.

Si, de tout ceci, il fallait, pour être court et précis, extraire un programme, j'estime qu'il devrait :

1° Comme préambule, accepter franchement et loyalement la République ;

2° Faisant allusion à Panama, réclamer l'honnêteté publique et la gestion de nos affaires par des hommes consciencieux ;

3° Demander avec force la pacification religieuse et sociale, contenue dans ces trois mots qui sont tout un programme : *liberté, égalité, fraternité ; liberté pour la religion,* c'est le libéralisme bienveillant de Mgr d'Hulst ; *égalité pour les écoles,* c'est, les principes étant sauvegardés, un terrain solide de combat ; — *fraternité pour la démocratie,* c'est-à-dire étude sérieuse des lois destinées à protéger le travail.

4° Suivant les pays, le programme contiendrait ensuite les revendications économiques ;

5° Il se terminerait par une déclaration patriotique et réclamerait, avec la stabilité, l'unité, la force et la grandeur de la patrie.

Pour résumer enfin en trois mots, plus courts et plus précis encore, notre programme serait avec l'acceptation franche et loyale du gouvernement établi :

1° Honnêteté politique ;

2° Pacification religieuse ;

3° Protection des intérêts populaires.

Voilà, ce me semble, les principes généraux que chaque Comité local doit appliquer en même temps avec indépendance et harmonie.

Le R. P. Picard arrête le rapport à l'article le *Programme,* demande s'il y a beaucoup de départements en France où l'on pourrait affirmer une parole que vient de dire l'abbé Bertoye : Nous sommes prêts, nos candidats sont choisis. Quand le moment viendra, nous agirons.

Un petit nombre ose lever la main. Le R. P. Picard demande qu'on se mette à l'œuvre, et que, d'ici à huit ou quinze jours, on ait ses candidats choisis ou du moins espérés.

4° Action électorale

Il me reste à parler de l'action électorale directe ; directe, dis-je, car nous ne saurions oublier que tout ce que nous faisons chaque jour est une action indirecte. Nous ne devons pas oublier non plus que, pour être indirect, le grand moyen de la prière n'en est pas moins le plus puissant de tous.

Je traiterai très rapidement cette partie de la question, parce que, sur ce point, tout le monde est d'accord. Il suffit de rappeler, en mêlant, comme elles sont mêlées dans la vie ordinaire, l'action personnelle et celle du journal, que les principaux moyens électoraux sont :

1° **La diffusion à outrance et longtemps à l'avance du bon journal.** — On a appelé les Pères Assomptionistes les Pères-réclame. C'est un titre de gloire, et nous voyons avec orgueil se réaliser, dans les fils du R. P. d'Alzon, ce qu'on a dit de lui, que son ombre gagnait des batailles. Ne désespérez pas de voir un jour un Pape canoniser un saint journaliste, bien que la question de la charité puisse rendre la cause difficile. Inondons, si nous le pouvons, le pays de bons journaux; mais, quant à l'influence exercée par eux, n'oublions pas que nous sommes jeunes encore, et qu'il faut, en réalité, longtemps à un journal pour avoir la direction des esprits. Examinons donc froidement l'étendue réelle de notre influence et ne l'exagérons pas.

2° **La polémique.** — Un journal doit, par prudence, éviter les personnalités; mais, en temps d'élection, on ne peut pas se taire sur les personnes, et lorsqu'on a trouvé le défaut de la cuirasse, il est important de ne pas le perdre de vue. Nous devons du moins, dans notre polémique, être dignes tout en étant forts. Puisque nous parlons de prudence, peut-être est-il bon de rappeler, comme je le disais tout à l'heure, qu'il y a des candidatures auxquelles nous ne devons nous rallier qu'en dernière heure et avec les réserves voulues, tantôt pour ne pas les compromettre, tantôt pour ne pas nous compromettre nous-mêmes.

3° **Des brochures électorales** saisissantes pendant la période électorale seraient, plus que les affiches — nécessaires cependant, — un moyen puissant de faire réfléchir.

4° Nous devons organiser partout des Comités. Le mot **Comité** produit toujours un grand effet. En réalité, du reste, un Comité est un élément important d'action. Ce sera un homme, ce seront quelques amis ; mais, enfin, il y aura là un rouage sur lequel on pourra compter. Il serait excellent que les Comités locaux eussent un représentant dans chaque hameau. Si l'on pouvait organiser les électeurs par dizaines, avec des chefs dizainiers, ce serait parfait. Pour donner de la vie et de la valeur à ces Comités, il importe de les faire fonctionner. Il est très utile surtout de les réunir pour désigner le candidat. C'est le moyen de couper court à bien des intrigues ; les intrigues, hélas ! Messieurs, ne manqueront pas.

5° Excellentes sont les **conférences**, si l'on peut trouver des conférenciers. Le candidat, du moins, doit faire avec soin le tour de sa circonscription, en allant dans chaque commune et convoquant les électeurs. Un verre de vin après le petit discours ne fait ordinairement pas de mal.

6° Et pourquoi pas des **banquets** populaires ? Ici, à « La Croix », nous banquetons. L'abbé Kannengieser nous a décrit les banquets du soir aux Congrès allemands. Ne craignons pas d'organiser des banquets populaires bon marché. Le peuple les aime.

7° Nous ne serons quelque chose que le jour où nous aurons **une caisse**. Peut-être est-il bien tard pour l'organiser complètement cette année. M. de Mun l'a tenté : on ne saurait trop l'en féliciter. L'idée mûrira. Il faut une caisse indépendante, alimentée par les cotisations de tous.

8° Après le 31 mars, faisons copier les *listes électorales,* étudions-les avec soin et classons séparément les électeurs sûrs, les mauvais et les douteux. Recherchons ensuite les moyens d'agir utilement sur ceux-ci.

9° Veillons à ce que les bulletins à distribuer ne restent pas, par négligence, chez un brave homme pacifique, choisi pour correspondant. Prenons toutes les précautions pour qu'ils arrivent à destination en temps opportun. Enfin, le jour du vote, surveillons bien le scrutin et le dépouillement, si nos amis ne le président pas.

Messieurs, en terminant, je vous prie de me pardonner ma longueur et ma hardiesse. Excusez-moi, j'ai obéi avec la meilleure intention du monde.

Un dernier mot : soyons patients. Nous assistons à une transformation de l'assiette politique ; le temps complètera cette œuvre nécessaire, Dieu et nos efforts aidant. Lors même que nous n'aurions pas une entière victoire, ne nous décourageons pas. Le centre allemand a mis le temps pour se former et triompher. Nous sommes sur un bon terrain ; prenons notre temps : le succès viendra.

Quand Jésus-Christ était sur la Croix, s'il y avait eu là quelque excellent politicien, il eût été bien découragé, et cependant le Calvaire devait être le salut social et politique du monde, parce que, sur le Calvaire, il y avait la Croix et sur la Croix le Verbe de Dieu incarné, la Vérité. L'Eglise de France est sur un Calvaire. Des politiciens chrétiens sont découragés. Nous, espérons, parce que sur ce Calvaire, il y a une « Croix », la vôtre, mes Pères, la nôtre, messieurs, et que cette « Croix » porte avec elle le Verbe de Dieu, la parole de vérité. Cette vérité nous délivrera, c'est Jésus-Christ qui l'a dit : « *Veritas liberabit vos.* »

On acclame le rapport, et on demande qu'il soit mis en brochure. Accepté et voté.

Imprimerie E. PETITHENRY, 8, rue François Ier, Paris.

www.ingramcontent.com/pod-product-compliance
Lightning Source LLC
Chambersburg PA
CBHW051351050726
47595CB00006B/2497